Impressum
Verlag: BABADADA GmbH, Nedderfeld 112 , 22529 Hamburg
Geschäftsführer / Verlagsleitung: Harald Hof
Druck: Books on Demand GmbH, In de Tarpen 42, 22848 Norderstedt

Imprint
Publisher: BABADADA GmbH, Nedderfeld 112 , 22529 Hamburg, Germany
Managing Director / Publishing direction: Harald Hof
Print: Books on Demand GmbH, In de Tarpen 42, 22848 Norderstedt, Germany

школа

escola

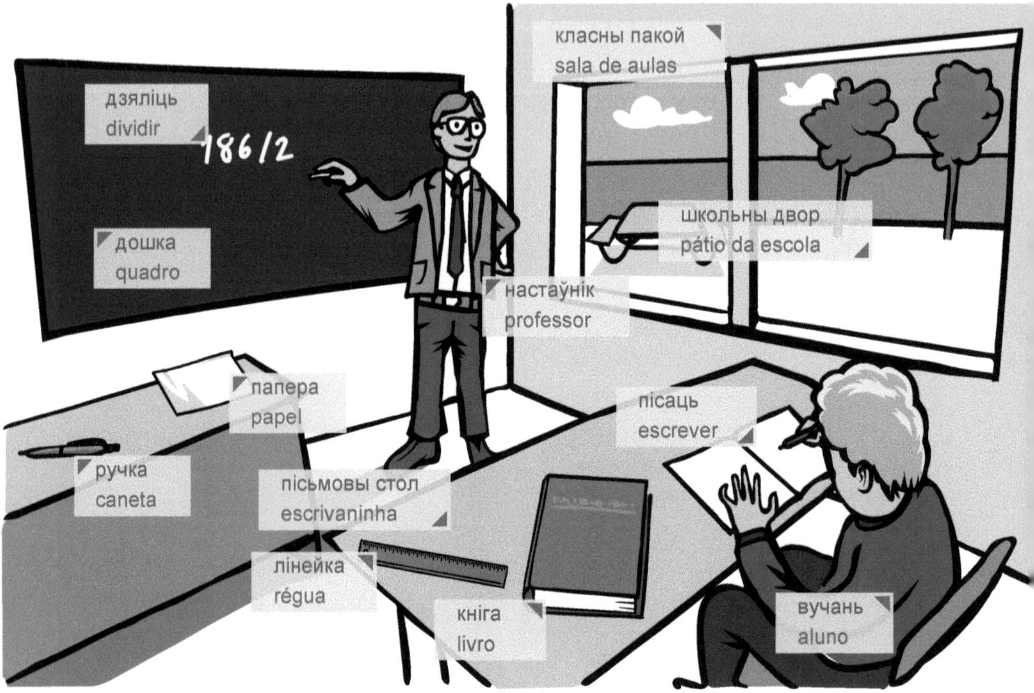
класны пакой
sala de aulas
дзяліць
dividir
186/2
дошка
quadro
школьны двор
pátio da escola
настаўнік
professor
папера
papel
пісаць
escrever
ручка
caneta
пісьмовы стол
escrivaninha
лінейка
régua
кніга
livro
вучань
aluno

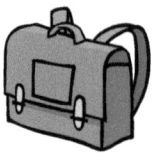

ранец

sacola

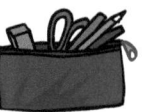

пенал

estojo de lápis

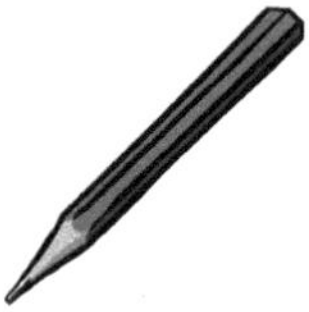

просты аловак

lápis

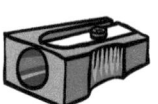

тачылка для алоўкаў

apontador de lápis

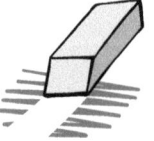

гумка

borracha

альбом для малявання

bloco de desenho

малюнак

desenho

пэндзлік

pincel

фарбы

estojo de tintas

нажніцы

tesoura

клей

cola

сшытак

livro de exercícios

хатняе заданне

lição de casa

12

лік

número

2+2

дадаваць

somar

5-2

адымаць

subtrair

2×2

множыць

multiplicar

лічыць

calcular

A

літара

letra

ABCDEFG HIJKLMN OPQRSTU VWXYZ

алфавіт

alfabeto

hello

слова

palavra

тэкст

texto

чытаць

ler

крэйда

giz

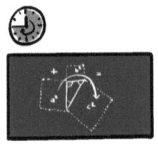

ўрок

hora

класны журнал

registro da classe

экзамен

exame

атэстат

certificado

школьная форма

uniforme escolar

адукацыя

educação

энцыклапедыя

enciclopédia

універсітэт

universidade

мікраскоп

microscópio

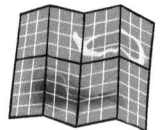

карта

mapa

смеццевы кошык

cesto de lixo

падарожжа
viagem

гатэль
hotel
Grand
хостэл
albergue
ROOMS
абменны пункт
casa de câmbio
чамадан
mala
аўтамабіль
carro

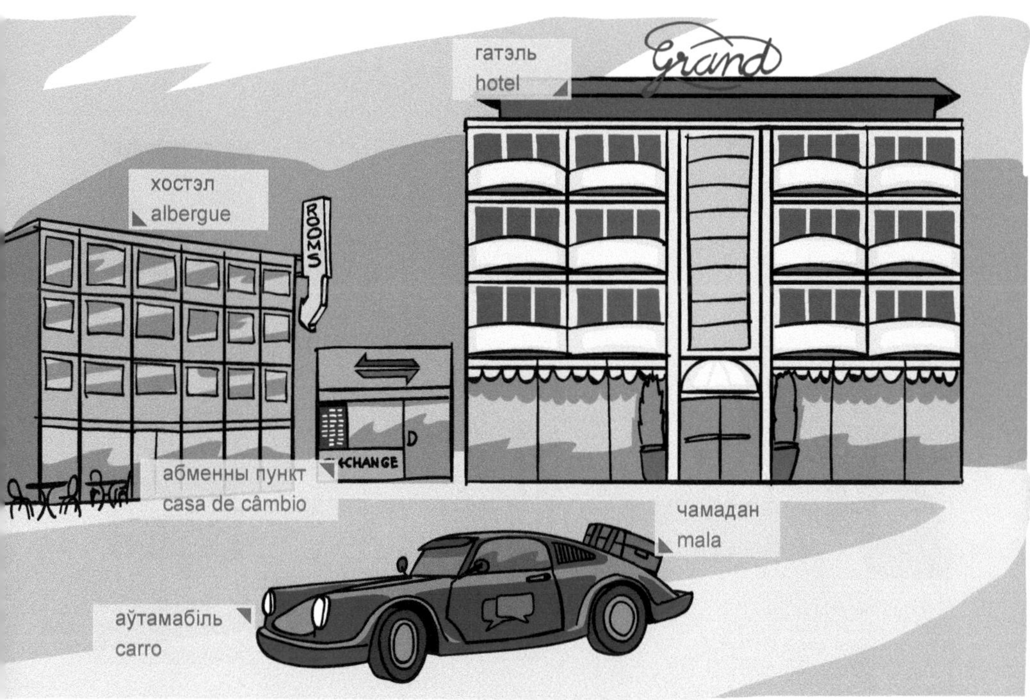

мова

idioma

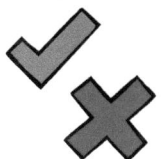

так / не

sim / não

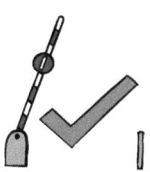

добра

ok

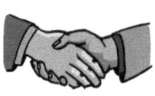

прывітанне!

Olá

перакладчык

tradutor

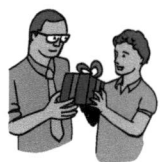

дзякуй

obrigado

Колькі каштуе....?

quanto custa...?

я не разумею

eu não entendo

праблема

problema

Добры вечар!

boa noite!

Добрай раніцы!

Bom dia!

Дабранач!

Boa noite!

да пабачэння

até logo

кірунак

direção

багаж

bagagem

сумка

bolsa

заплечнік

mochila

госць

convidado

пакой

quarto

спальны мяшок

saco de dormir

палатка

barraca

інфармацыя для турыстаў

informação turística

пляж

praia

крэдытная картка

cartão de crédito

снеданне

café da manhã

абед

almoço

вячэра

jantar

праязны білет

bilhete

ліфт

elevador

паштовая марка

selo

мяжа

fronteira

мытня

alfândega

пасольства

embaixada

віза

visto

пашпарт

passaporte

транспарт

transporte

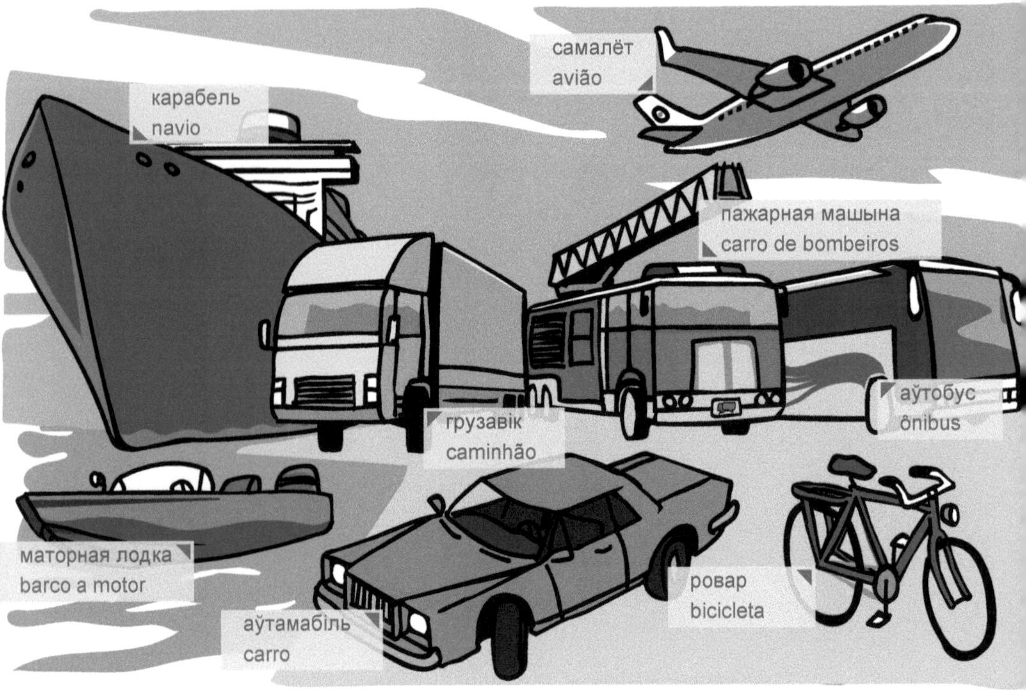
самалёт
avião
карабель
navio
пажарная машына
carro de bombeiros
аўтобус
ônibus
грузавік
caminhão
маторная лодка
barco a motor
ровар
bicicleta
аўтамабіль
carro

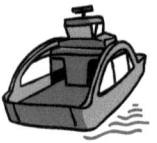

паром

balsa

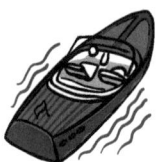

лодка

barco

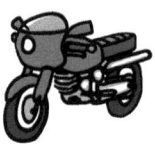

матацыкл

motocicleta

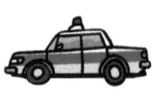

паліцэйская машына

veículo policial

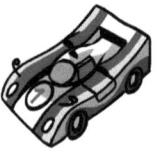

гоначны аўтамабіль

carro de corrida

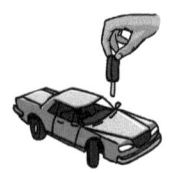

арэндаваны аўтамабіль

carro de aluguel

сумеснае карыстанне
аўтамабілем
....
compartilhamento de
automóvel

эвакуатар
....
caminhão de reboque

смеццявоз
....
caminhão de lixo

матор
....
motor

паліва
....
combustível

запраўка
....
posto de gasolina

дарожны знак
....
placa de trânsito

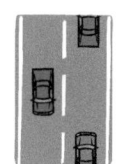

дарожны рух
....
trânsito

затор
....
trânsito lento

паркоўка
....
estacionamento

чыгуначная станцыя
....
estação de trem

рэйкі
....
trilhos

цягнік
....
trem

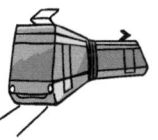

трамвай
....
bonde

вагон
....
vagão

вертал**ё**т

helicóptero

аэрапорт

aeroporto

вежа

torre

пасажыр

passageiro

кантэйнер

contêiner

кардонная скрыня

cartolina

тачка

carroça

карзіна

cesto

ўзлятаць / прызямляцца

decolar / pousar

горад

cidade

в**ё**ска

vilarejo

цэнтр горада

centro da cidade

дом

casa

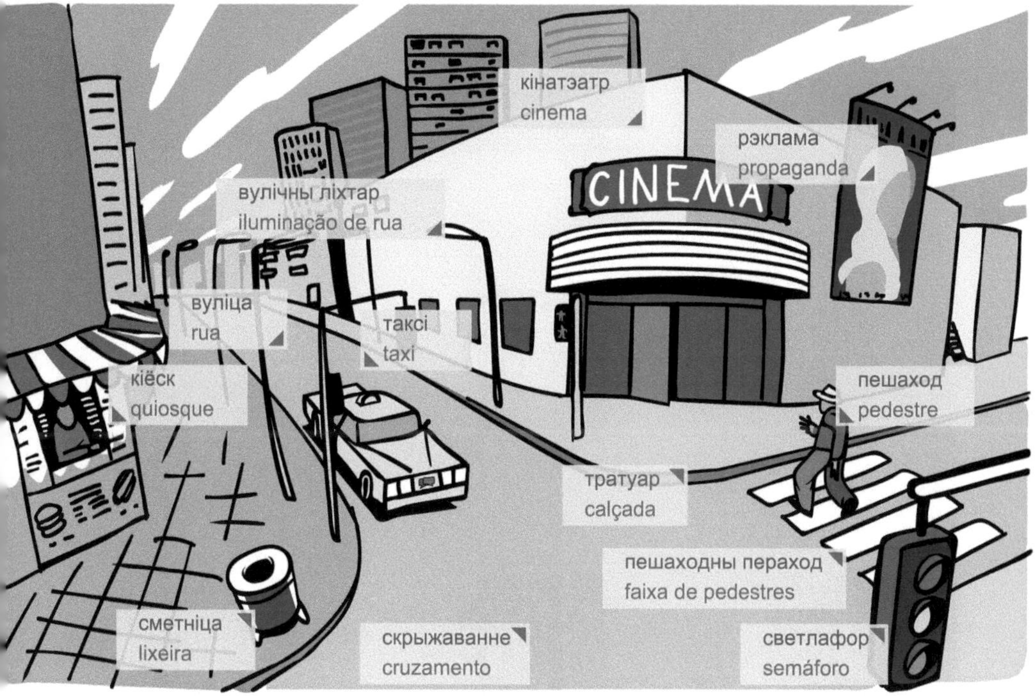

кінатэатр
cinema

рэклама
propaganda

вулічны ліхтар
iluminação de rua

CINEMA

вуліца
rua

таксі
taxi

кіёск
quiosque

пешаход
pedestre

тратуар
calçada

пешаходны пераход
faixa de pedestres

сметніца
lixeira

скрыжаванне
cruzamento

светлафор
semáforo

халупа

cabana

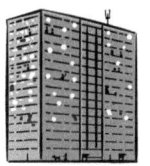

кватэра

apartamento

чыгуначная станцыя

estação de trem

ратуша

prefeitura

музей

museu

школа

escola

універсітэт

universidade

банк

banco

шпіталь

hospital

гатэль

hotel

аптэка

farmácia

офіс

escritório

кнігарня

livraria

крама

loja

кветкавая крама

floricultura

супермаркет

supermercado

кірмаш

mercado

універмаг

loja de departamentos

рыбная крама

peixaria

гандлевы цэнтр

centro comercial

порт

porto

парк

parque

лава

banco

мост

ponte

лесвіца

escadas

метро

metrô

тунэль

túnel

прыпынак

ponto de ônibus

бар

bar

рэстаран

restaurante

паштовая скрыня

caixa de correspondência

вулічны паказальнік

placa de rua

паркамат

parquímetro

заапарк

zoológico

басейн

piscina

мячэць

mesquita

сядзіба

fazenda

забруджванне
навакольнага асяроддзя

poluição

могілкі

cemitério

царква

igreja

пляцоўка для гульні

parquinho

храм

templo

краявід
paisagem

ліст
folha

паказальнік
placa de sinalização

дарога
caminho

луг
gramado

камень
pedra

дрэва
árvore

падарожнік
caminhantes

рака
rio

трава
grama

кветка
flor

даліна

vale

гара

montanha

возера

lago

лес

floresta

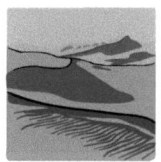

пустыня

deserto

вулкан

vulcão

замак

castelo

вясёлка

arco-íris

грыб

cogumelo

пальма

palmeira

камар

mosquito

муха

mosca

мурашка

formiga

пчала

abelha

павук

aranha

жук

besouro

жаба

sapo

вавёрка

esquilo

вожык

ouriço

заяц

lebre

сава

coruja

птушка

pássaro

лебедзь

cisne

дзік

javali

алень

veado

лось

alce

плаціна

barragem

вятрак

aerogerador

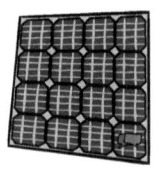

сонечная батарэя

painel solar

клімат

clima

рэстаран

restaurante

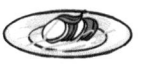

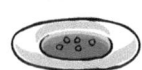

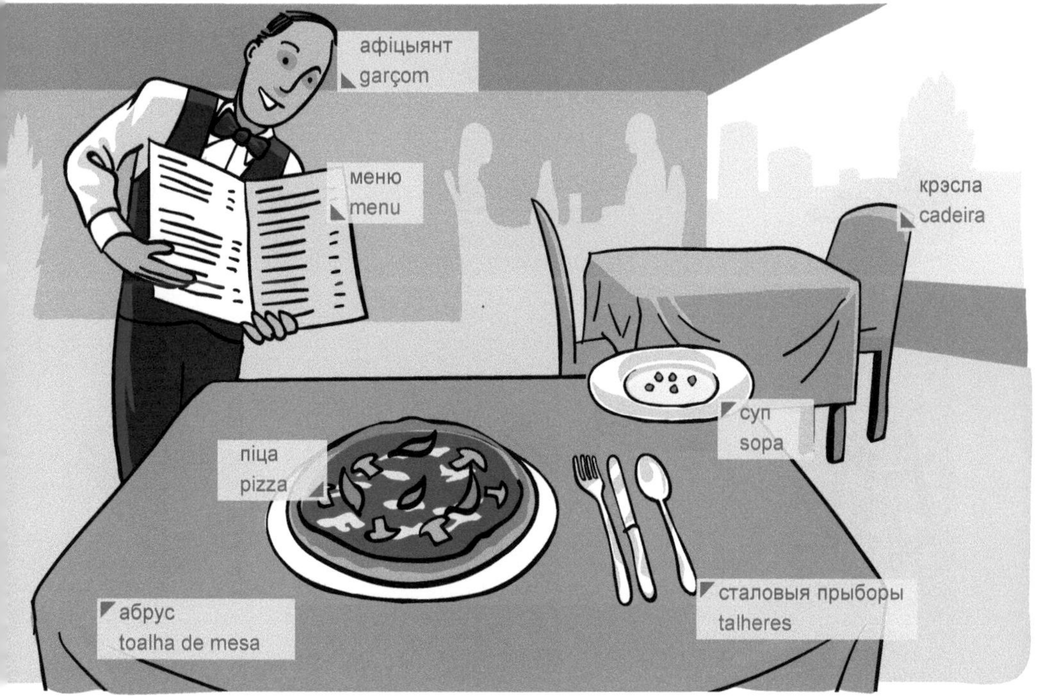

афіцыянт
garçom
меню
menu
крэсла
cadeira
суп
sopa
піца
pizza
абрус
toalha de mesa
сталовыя прыборы
talheres

закуска

entrada

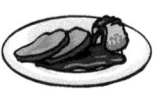

другая страва

prato principal

дэсерт

sobremesa

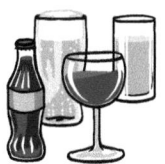

напоі

bebidas

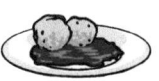

ежа

comida

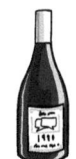

бутэлька

garrafa

хуткае харчаванне (фаст-фуд)

fastfood

стрыт-фуд

comida de rua

імбрык (чайнік)

bule de chá

цукарніца

açucareiro

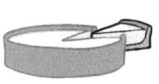

порцыя

porção

эспрэса-машына

máquina de expresso

дзіцячае крэселка

cadeirão

рахунак

conta

паднос

bandeja

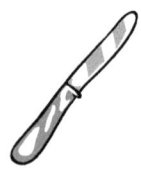

нож

faca

відэлец

garfo

лыжка

colher

чайная лыжка

colher de chá

сурвэтка

guardanapo

шклянка

copo

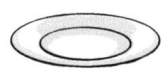

талерка

prato

супавая талерка

prato de sopa

сподак

pires

соус

molho

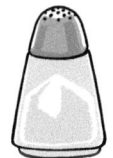

сальніца

saleiro

млынок для перцу

moedor de pimenta

воцат

vinagre

алей

óleo

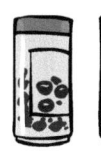

спецыі

especiarias

кетчуп

ketchup

гарчыца

mostarda

маянэз

maionese

супермаркет
supermercado

акцыя
oferta especial
FOR
пакупнік
cliente
малочныя прадукты
laticínios
садавіна
frutas
вазок
carrinho de compras

BUTCHERS

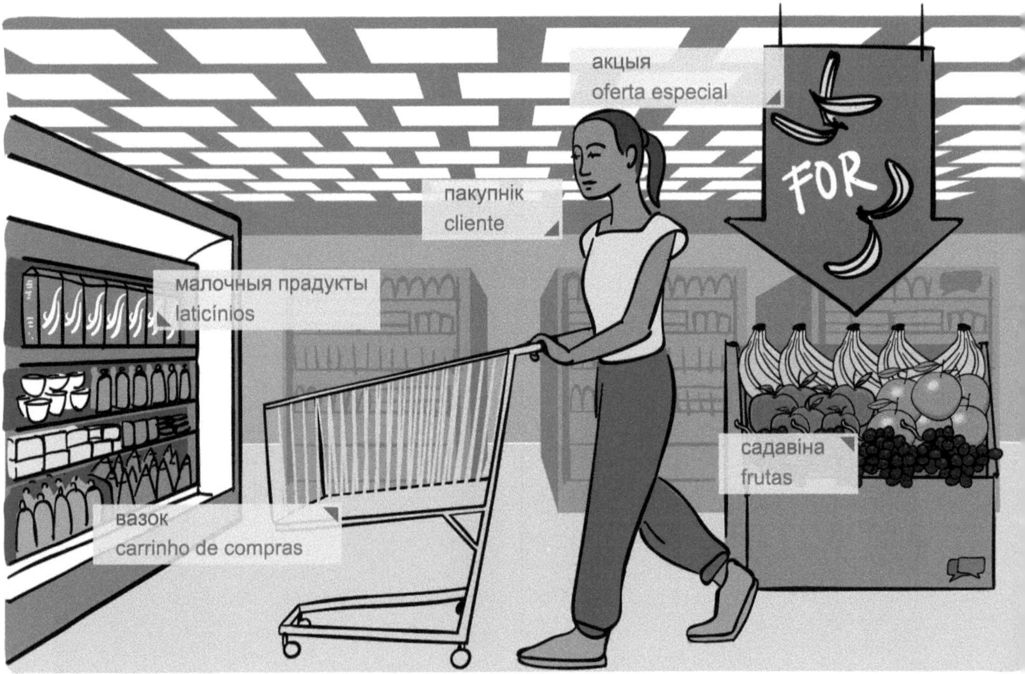

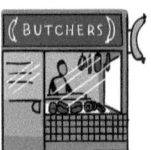

мясная крама
açougue

BAKERY

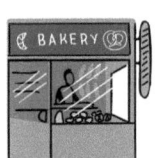

хлебны магазін
padaria

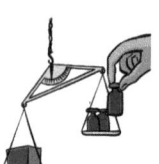

важыць
pesar

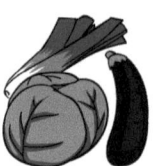

гароднiна
legumes

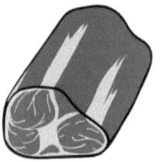

мяса
carne

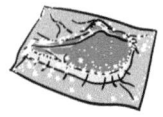

свежазамарожаныя прадукты
congelados

нарэзка

charcutaria

кансервы

conservas

пральны парашок

detergente em pó

прысмакі

doces

хатнія прылады

artigos domésticos

чысцячы сродак

produtos de limpeza

прадавец

vendedora

каса

caixa

касір

caixa

спіс пакупак

lista de compras

гадзіны працы

horário de funcionamento

бумажнік

carteira

крэдытная картка

cartão de crédito

сумка

sacola

пакет

saco plástico

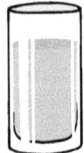

вада

água

сок

suco

малако

leite

кола

coca-cola

віно

vinho

піва

cerveja

алкаголь

álcool

какава

cacau

гарбата (чай)

chá

кава

café

эспрэса

expresso

капучына

cappuccino

банан

banana

яблык

maçã

апельсін

laranja

дыня

melão

лімон

limão

морква

cenoura

часнок

alho

бамбук

bambu

цыбуля

cebola

грыб

cogumelo

арэхі

nozes

локшына

macarrão

спагеці

espaguete

рыс

arroz

салата

salada

бульба фры

batatas fritas

смажаная бульба

batatas frias

піца

pizza

гамбургер

hambúrger

бутэрброд

sanduíche

шніцаль

escalope

вяндліна

presunto

салямі

salame

каўбаса

salsicha

курыца

galinha

смажаніна

assado

рыбак

peixe

аўсяныя камякі

flocos de aveia

мюслі

granola

кукурузныя шматкі

flocos de milho

мука

farinha

круасан

croissant

булачка

pãozinho

хлеб

pão

тост

torrada

пячэнне

biscoitos

масла

manteiga

тварог

requeijão

пірог

bolo

яйка

ovo

яечня

ovo frito

сыр

queijo

марожанае

sorvete

цукар

açúcar

мёд

mel

варэнне

geleia

нуга

creme de avelãs

кары

curry

ежа - comida

сядзіба
fazenda

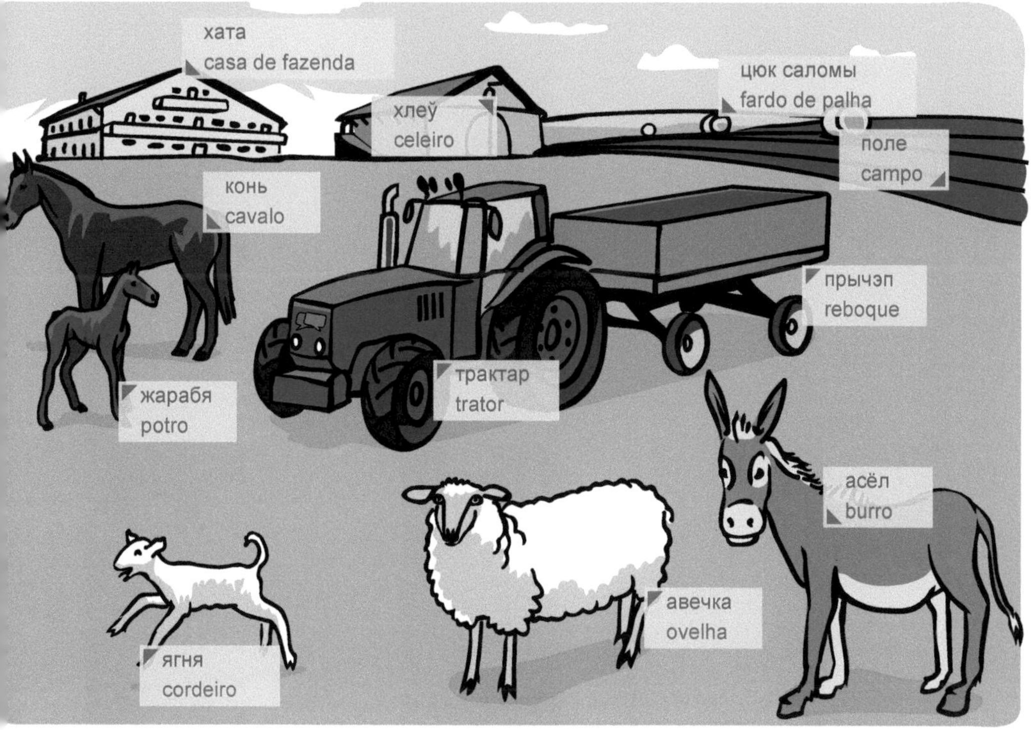

хата
casa de fazenda
хлеў
celeiro
цюк саломы
fardo de palha
поле
campo
конь
cavalo
прычэп
reboque
трактар
trator
жарабя
potro
асёл
burro
авечка
ovelha
ягня
cordeiro

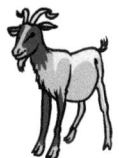

каза

cabra

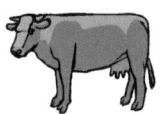

карова

vaca

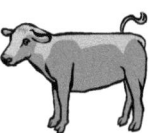

цяля

bezerro

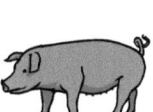

свіння

porco

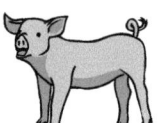

парася

leitão

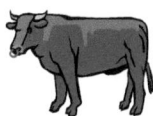

бык

touro

гусак

ganso

качка

pato

кураня

pintinho

курыца

galinha

певень

galo

пацук

ratazana

кот

gato

мыш

camundongo

вол

boi

сабака

cachorro

сабачая будка

casinha do cachorro

садовы шланг

mangueira de jardim

палівачка

regador

каса

foice

плуг

arado

серп

foice

матыка

enxada

вілы для гною

forquilha

сякера

machado

тачка

carrinho de mão

карыта

manjedoura

бітон для малака

jarra de leite

мех

saco

плот

cerca

хлеў

estábulo

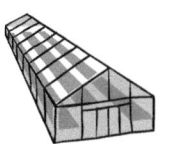

цяпліца

estufa

глеба

solo

насенне

semente

угнаенне

fertilizante

камбайн

colheitadeira

збіраць ураджай

colher

ураджай

colheita

ямс

inhame

пшаніца

trigo

соя

soja

бульба

batata

кукуруза

milho

рапс

colza

садовае дрэва

árvore frutífera

маніёк

mandioca

збожжа

cereais

комін
chaminé

дах
telhado

вадасцёк
calhas de chuva

акно
janela

гараж
garagem

званок
campainha da porta

дзверы
porta

вядро для смецця
lata de lixo

паштовая скрыня
caixa de correspondência

сад
jardim

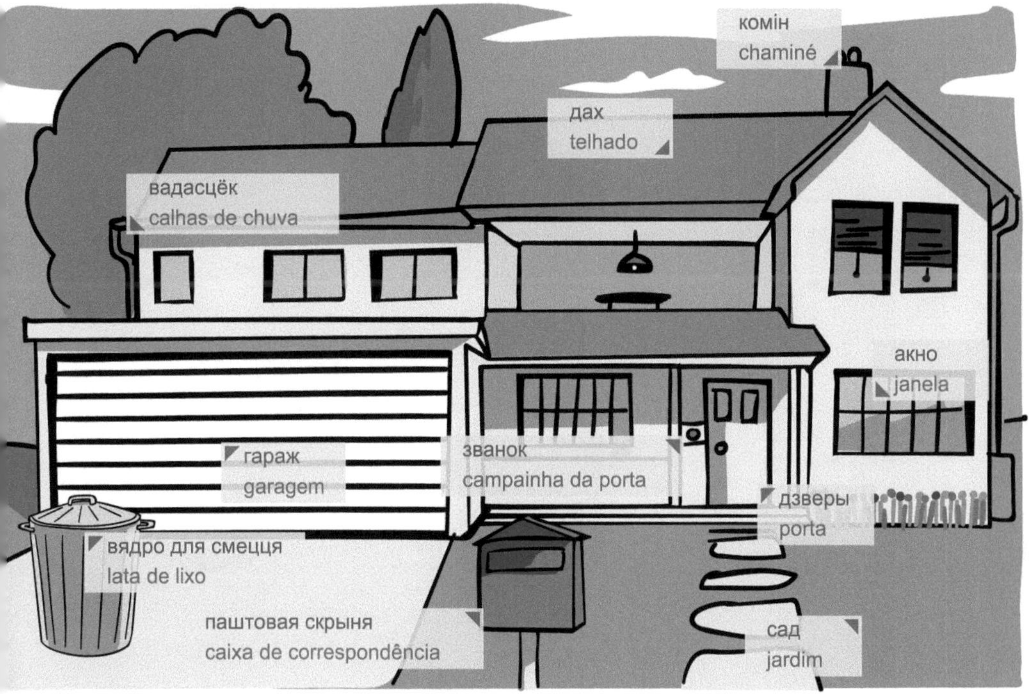

жылы пакой

sala de estar

ванная

banheiro

кухня

cozinha

спальны пакой

quarto de dormir

дзіцячы пакой

quarto de criança

сталоўка

sala de jantar

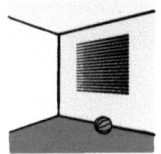

падлога

chão

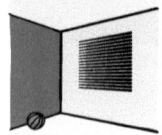

сцяна

parede

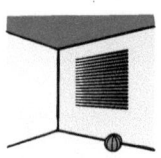

столь

teto

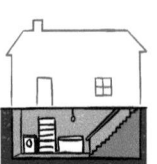

падвал

porão

саўна

sauna

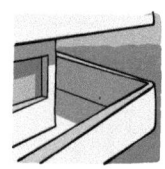

балкон

varanda

тэраса

terraço

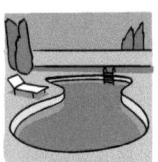

басейн

piscina

касілка

cortador de grama

падкоўдранік

lençol

коўдра

coberta

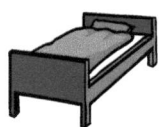

ложак

cama

венік

vassoura

вядро

balde

выключальнік

interruptor

жылы пакой
sala de estar

шпалеры
papel de parede
малюнак
quadro
лямпа
lâmpada
паліца
prateleira
шафа
armário
тэлевізар
televisão
камін
lareira
кветка
flor
падушка
travesseiro
канапа
sofá
ваза
vaso
пульт
controle remoto

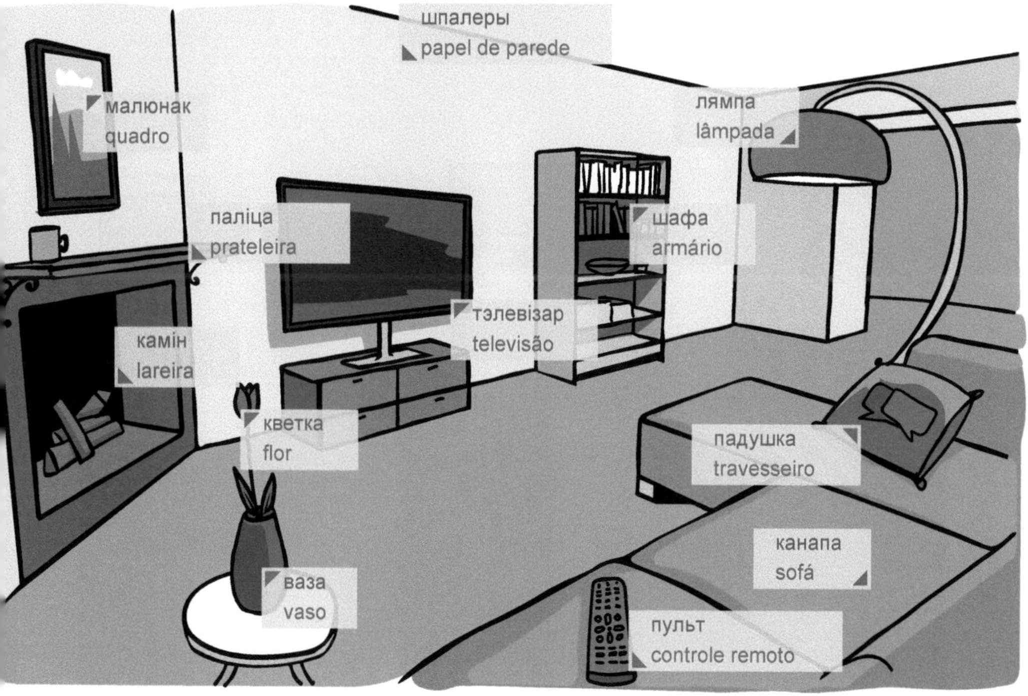

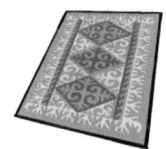

дыван
tapete

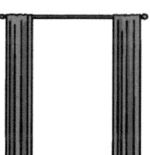

фіранка
cortina

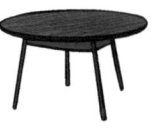

стол
mesa

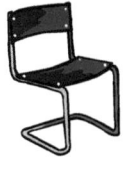

крэсла
cadeira

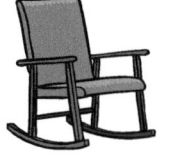

крэсла-качалка
cadeira de balanço

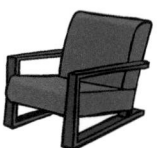

крэсла
poltrona

кніга

livro

коўдра

cobertor

дэкарацыя

decoração

дровы

lenha

кіно

filme

стэрэасістэма

equipamento de som

ключ

chave

газета

jornal

карціна

pintura

постар

pôster

радыё

rádio

нататнік

bloco de notas

пыласос

aspirador

кактус

cacto

свечка

vela

жылы пакой - sala de estar

кухня
cozinha

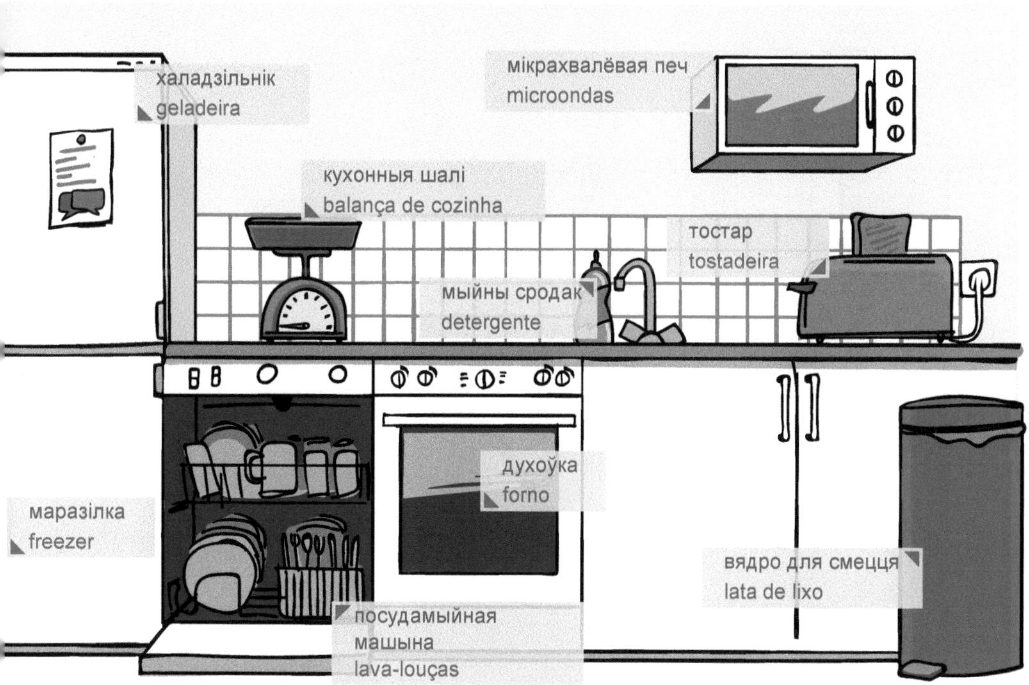

халадзільнік
geladeira
мікрахвалёвая печ
microondas
кухонныя шалі
balança de cozinha
тостар
tostadeira
мыйны сродак
detergente
духоўка
forno
маразілка
freezer
вядро для смецця
lata de lixo
посудамыйная
машына
lava-louças

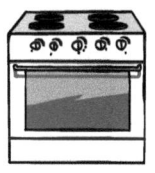

пліта

fogão

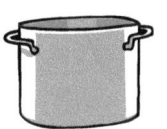

рондаль

panela

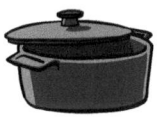

чыгунок

panela de ferro

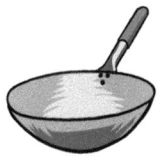

Вок / кадаі

wok / kadai

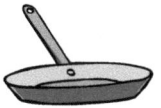

патэльня

frigideira

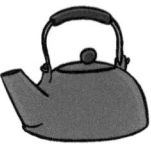

чайнік

chaleira

параварка

panela a vapor

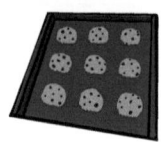

бляха

tabuleiro de forno

посуд

louça

кубак

caneca

міска

caçarola

палачкі для ежы

hashi

чарпак

concha de sopa

лапатачка

espátula

збівалка

batedor

сіта для варэння

escorredor

сіта

peneira

тарка

ralador

ступка

almofariz

грыль

churrasqueira

вогнішча

lareira

дошка

tábua de cortar

качалка

rolo da massa

штопар

saca-rolhas

бляшанка

lata

адкрывалка

abridor de latas

прыхваткі

pegador de panela

ракавіна

pia

шчотка

escova

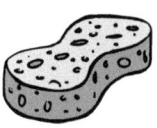

губка

esponja

міксер

liquidificador

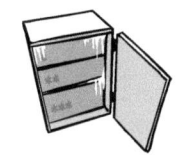

маразільная камера

congelador

бутэлечка

mamadeira

вадаправодны кран

torneira

ванная
banheiro

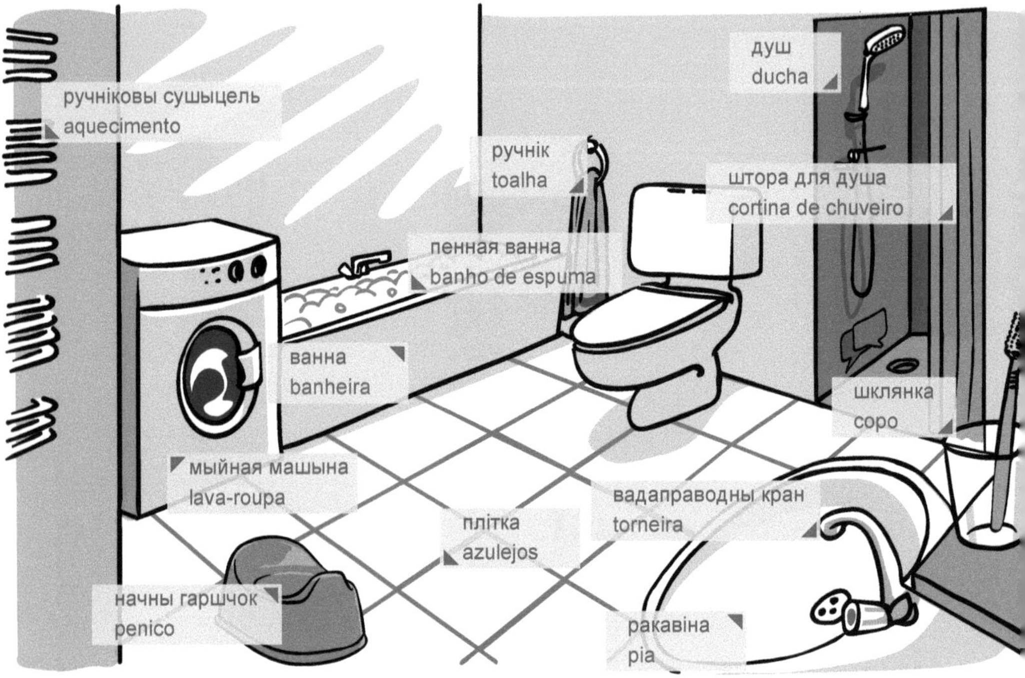

ручніковы сушыцель
aquecimento
душ
ducha
ручнік
toalha
штора для душа
cortina de chuveiro
пенная ванна
banho de espuma
ванна
banheira
шклянка
copo
мыйная машына
lava-roupa
вадаправодны кран
torneira
плітка
azulejos
начны гаршчок
penico
ракавіна
pia

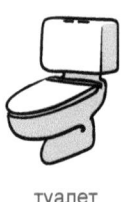

туалет

vaso sanitário

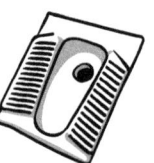

падлогавы ўнітаз

lavabo de agachar

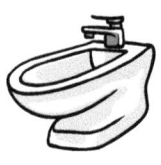

бідэ

bidê

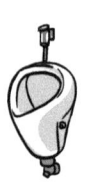

пісуар

mictório

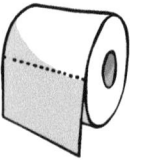

туалетная папера

papel higiênico

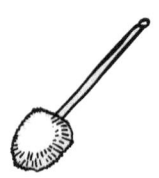

шчотка для чысткі ўнітаза

escova de privada

зубная шчотка

escova de dentes

зубная паста

pasta de dentes

зубная нітка

fio dental

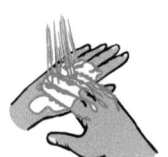

мыць

lavar

ручны душ

ducha de mão

інтымны душ

ducha íntima

умывальнік

bacia

шчотка для спіны

escova para as costas

мыла

sabonete

гель для душа

gel de banho

шампунь

xampu

вяхотка

toalha de rosto

вадасцёк

escoamento

крэм

creme

дэзадарант

desodorante

люстэрка

espelho

касметычнае люстэрка

espelho de mão

станок для галення

barbeador

пена для галення

espuma de barbear

ласьён пасля галення

loção pós-barba

грэбень

pente

шчотка

escova

фен

secador de cabelo

лак для валасоў

spray de cabelo

касметыка

maquiagem

памада

batom

лак для пазногцяў

esmalte de unhas

вата

algodão

манікюрныя нажніцы

tesoura para unhas

духі

perfume

касметычка

nécessaire

табурэтка

banquinho

вагі

balança

лазневы халат

roupão de banho

санітарныя пальчаткі

luvas de borracha

тампон

absorvente interno

гігіенічныя пракладкі

absorvente íntimo

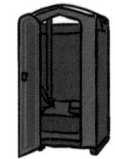

біятуалет

banheiro químico

дзіцячы пакой
quarto de criança

будзільнік
despertador
мяккая цацка
boneco de pelúcia
цацачная машынка
carrinho de brinquedo
бразготка
chacoalho
лялечны домік
casa de bonecas
падарунак
presente

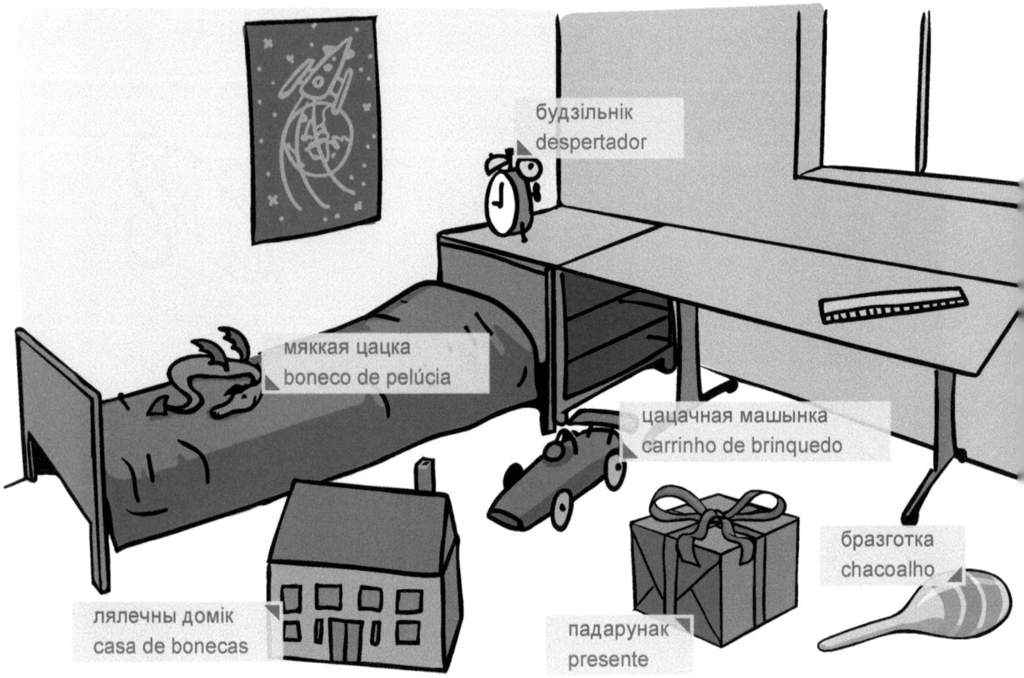

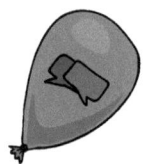

надзіманы шарык

balão

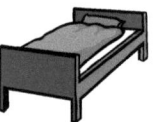

ложак

cama

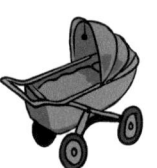

дзіцячая каляска

carrinho de bebê

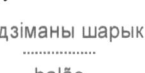

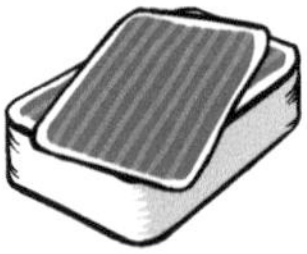

калода картаў

jogo de cartas

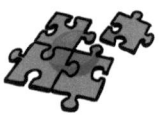

пазл

quebra-cabeças

SUPER
MEGA

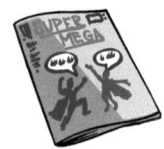

комікс

revista de quadrinhos

канструктар "Лега"

peças de Lego

канструктар

blocos de construção

экшэн-фігурка

figura de ação

дзіцячы гарнітур

macaquinho de bebê

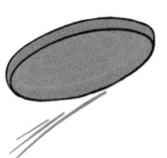

фрызбі

frisbee

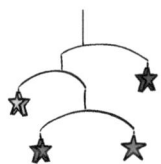

дзіцячы мабіль

móbile para bebé

настольная гульня

jogo de tabuleiro

кубік

dados

дзіцячая чыгунка

trenzinho elétrico

пустышка

chupeta

дзіцячае свята

festa

кніга з малюнкамі

livro ilustrado

мячык

bola

лялька

boneca

гуляцца

brincar

пясочніца

caixa de areia

арэлі

balanço

цацкі

brinquedos

гульнявая відэа прыстаўка

videogame

трохколавы ровар

triciclo

плюшавы мішка

ursinho de pelúcia

шафа

guarda-roupa

адзенне

vestuário

шкарпэткі

meias

панчохі

meias pelo joelho

калготкі

meias-calças

шалік
cachecol

парасон
guarda-chuva

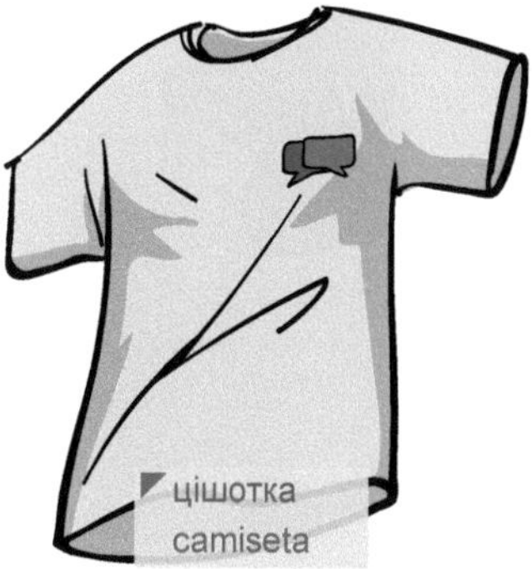

цішотка
camiseta

рамень
cinto

боты
botas

пантоплі
chinelos

красоўкі
tênis

сандалі
sandálias

абутак
sapatos

гумовыя боты
botas de borracha

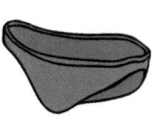
трусы
roupa de baixo

бюстгальтар
sutiã

майка
camiseta de baixo

бодзі
body

штаны
calças

джынсы
jeans

спадніца
saia

блузка
blusa

кашуля
camisa

джэмпер
pulôver

талстоўка
suéter com capuz

блэйзер
blazer

куртка
jaqueta

паліто
casaco

дажджавік
gabardine

касцюм
traje

сукенка
vestido

вясельная сукенка
vestido de casamento

касцюм

terno

начная сарочка

camisola

піжама

pijama

сары

sari

хустка

lenço de cabeça

цюрбан

turbante

паранджа

burca

каптан

cafetã

Абая

abaya

купальнік

maiô

плаўкі

sunga

шорты

shorts

спартыўны касцюм

roupa de treino

фартух

avental

пальчаткі

luvas

гузік

botão

акуляры

óculos

бранзалет

pulseira

каралі

colar

кальцо

anel

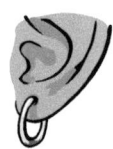

завушніца

brinco

кепка

boné

вешалка

cabide

капялюш

chapéu

гальштук

gravata

маланка

zíper

шлем

capacete

падцяжкі

suspensórios

школьная форма

uniforme escolar

уніформа

uniforme

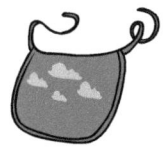

нагруднік

babador

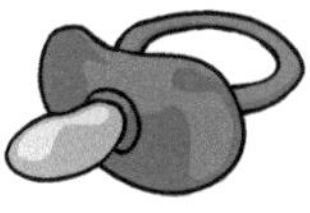

пустышка

chupeta

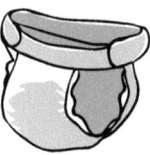

падгузнік

fralda

офіс
escritório

сервер
servidor
канцылярская шафа
armário de arquivos
прынтэр
impressora
папера
papel
манітор
monitor
мыш
mouse
пісьмовы стол
escrivaninha
тэчка
pasta
клавіятура
teclado
смеццевы кошык
cesto de lixo
кампутар
computador
крэсла
cadeira

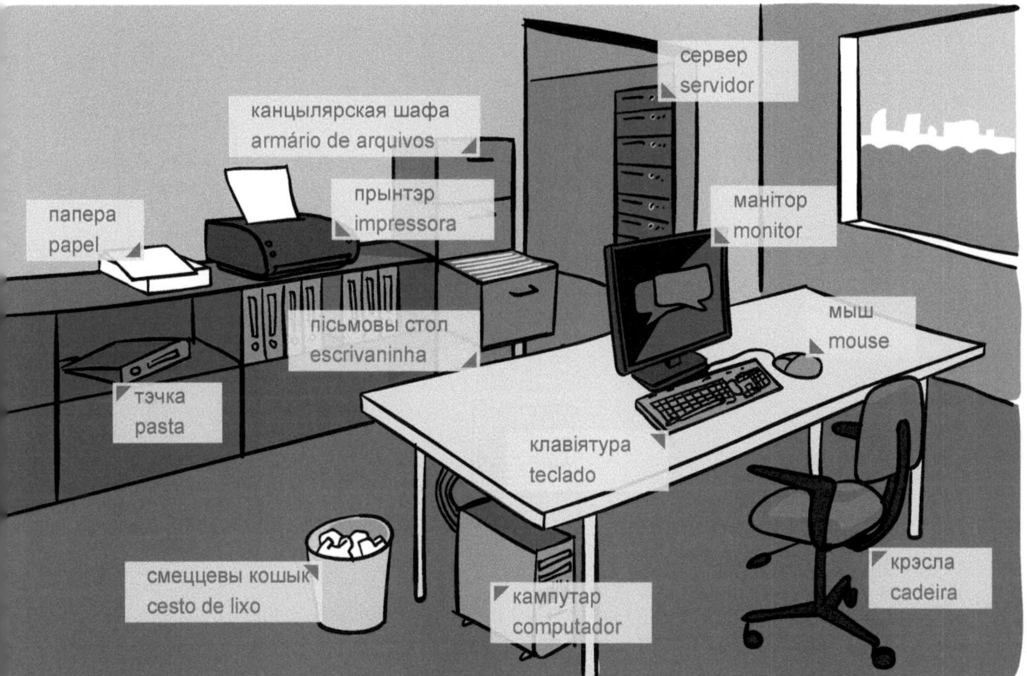

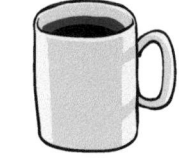

убак для кавы (філіжанка)

xícara de café

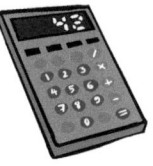

калькулятар

calculadora

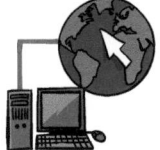

інтэрнэт

internet

ноўтбук

laptop

ліст

carta

паведамленне

mensagem

мабільны тэлефон

celular

сетка

rede

ксеракс

copiadora

праграмнае забеспячэнне

software

тэлефон

telefone

разетка

tomada

факс

fax

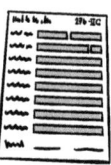

фармуляр

formulário

дакумент

documento

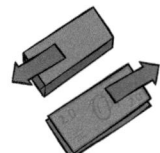

купляць

comprar

плаціць

pagar

гандляваць

negociar

грошы

dinheiro

 **USD**

долар

Dólar

 **EUR**

еўра

Euro

 **JPY**

ена

Yen

 **RUB**

рубель

rublo

 **CHF**

франк

franco suíço

 **CNY**

кітайскі юань

renminbi yuan

 **INR**

рупія

rupia

банкамат

caixa eletrônico

абменны пункт

casa de câmbio

золата

ouro

срэбра

prata

нафта

petróleo

энергія

energia

цана

preço

кантракт

contrato

падатак

imposto

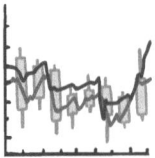

акцыя

ação

працаваць

trabalhar

служачы

empregado

працадаўца

empregador

фабрыка

fábrica

крама

loja

прафесіі
profissões

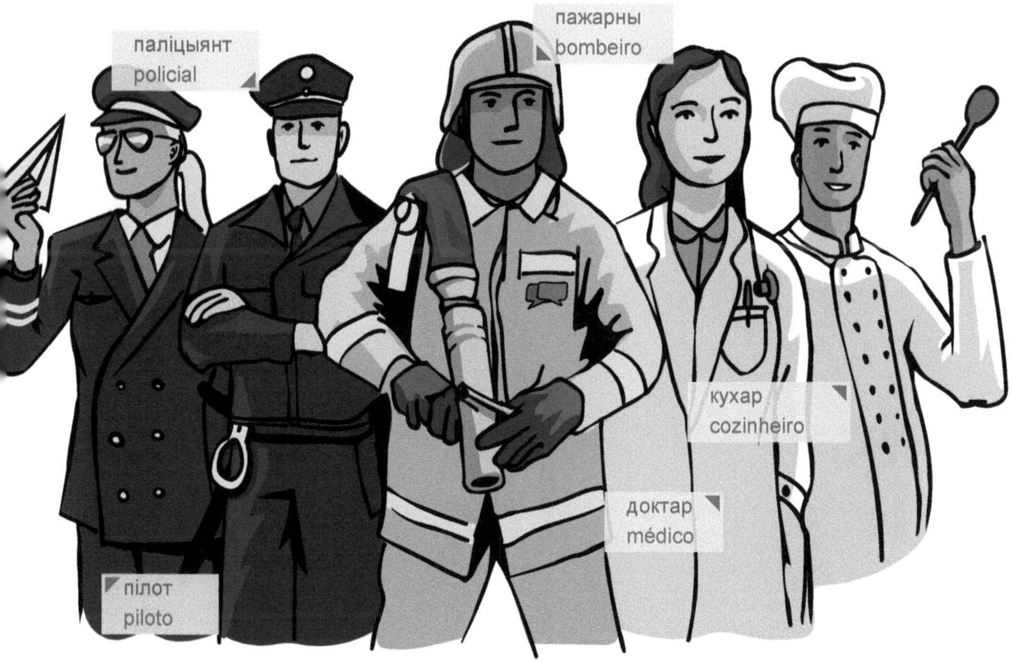

паліцыянт
policial
пажарны
bombeiro
кухар
cozinheiro
доктар
médico
пілот
piloto

садоўнік

jardineiro

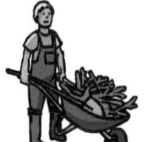

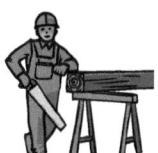

слесар

marceneiro

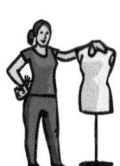

швачка

costureira

суддзя

juiz

хімік

químico

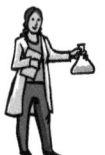

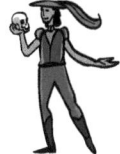

артыст

ator

кіроўца аўтобуса

motorista de ônibus

таксіст

motorista de táxi

рыбак

pescador

прыбіральшчыца

faxineira

страхар

telhador

афіцыянт

garçom

паляўнічы

caçador

мастак

pintor

пекар

padeiro

электрык

eletricista

будаўнік

construtor

інжынер

engenheiro

мяснік

açougueiro

сантэхнік

encanador

паштальён

carteiro

салдат

soldado

архітэктар

arquiteto

касір

caixa

фларыст

florista

цырульнік

cabelereiro

кандуктар

condutor

механік

mecânico

капітан

capitão

стаматолаг

dentista

вучоны

cientista

рабін

rabino

імам

imam

манах

monge

святар

pastor

інструменты

ferramentas

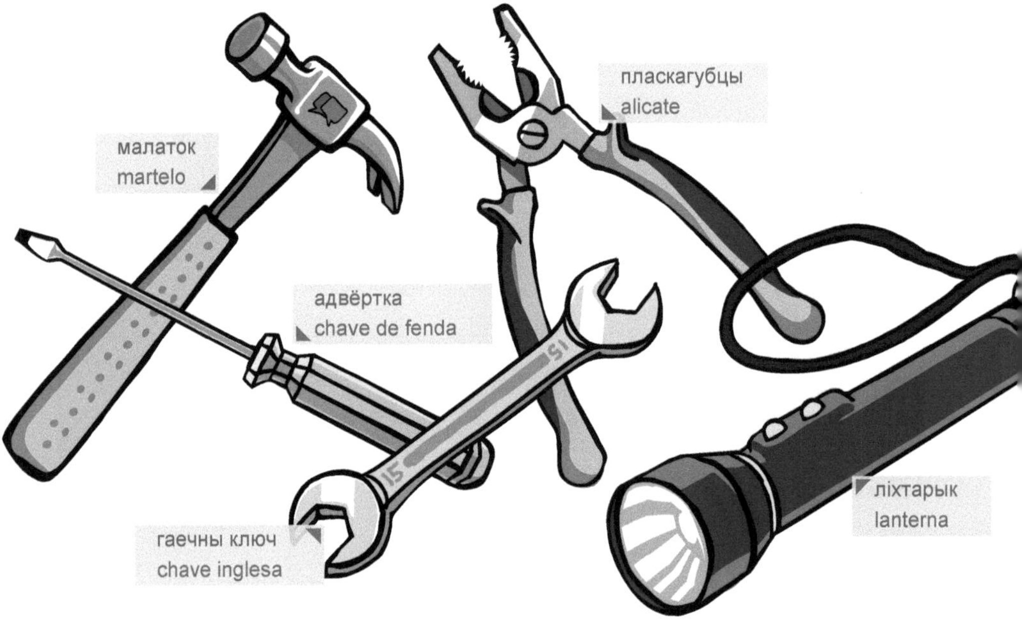
малаток
martelo
пласкагубцы
alicate
адвёртка
chave de fenda
гаечны ключ
chave inglesa
ліхтарык
lanterna

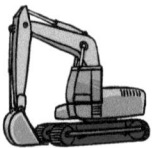

экскаватар

escavadora

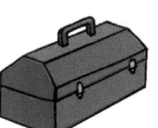

скрыня для інструментаў

caixa de ferramentas

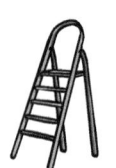

дравіны

escada de mão

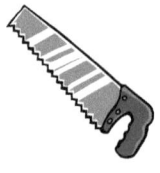

піла

serra

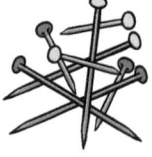

цвікі

pregos

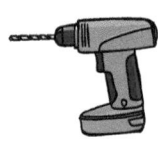

дрыль

furadeira

рамантаваць

consertar

рыдлеўка

pá

Халера!

Droga!

шуфлік для смецця

pá de lixo

вядро з фарбаю

pote de tinta

балты

parafusos

музычныя інструменты

instrumentos musicais

удáрны інструмент
bateria

калонкі
alto-falante

кантрабас
contrabaixo

труба
trompete

гітара
guitarra

піяніна

piano

скрыпка

violino

басгітара

baixo

літаўры

timbales

барабан

tambor

клавішны электрамузычны
інструмент

teclado

саксафон

saxofone

флейта

flauta

мікрафон

microfone

заапарк
zoológico

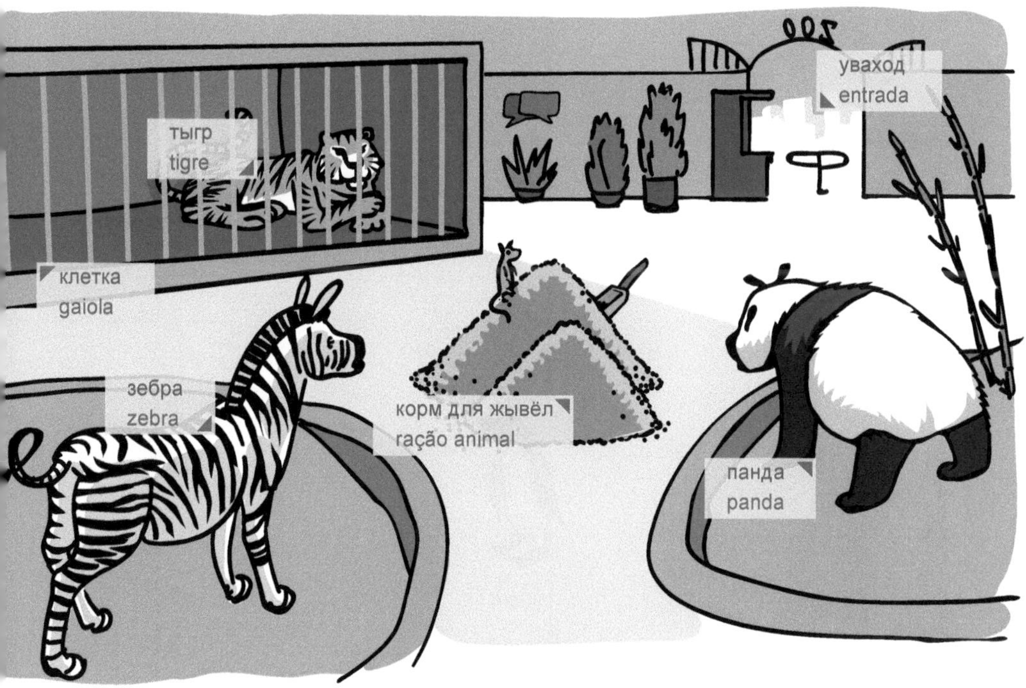
увахад
entrada
тыгр
tigre
клетка
gaiola
зебра
zebra
корм для жывёл
ração animal
панда
panda

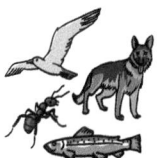

жывёлы

animais

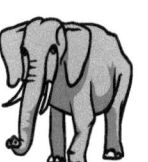

слон

elefante

кенгуру

canguru

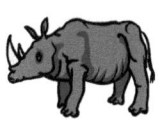

насарог

rinoceronte

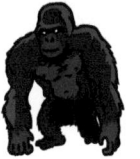

гарыла

gorila

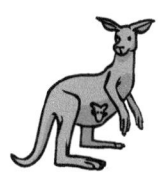

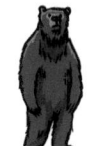

мядзведзь

urso

вярблюд

camelo

стравус

avestruz

леў

leão

малпа

macaco

фламінга

flamingo

папугай

papagaio

белы мядзведзь

urso polar

пінгвін

pinguim

акула

tubarão

паўлін

pavão

змяя

cobra

кракадзіл

crocodilo

наглядчык заапарка

guarda do zoológico

цюлень

foca

ягуар

jaguar

60   заапарк - zoológico

поні

pônei

леапард

leopardo

бегемот

hipopótamo

жыраф

girafa

арол

águia

дзік

javali

рыбак

peixe

чарапаха

tartaruga

морж

morsa

ліса

raposa

газель

gazela

амерыканскі футбол
futebol americano

веласпорт
ciclismo

тэніс
tênis

баскетбол
basquete

плаванне
natação

бокс
boxe

хакей з шайбай
hóquei no gelo

футбол
futebol

бадмінтон
badminton

лёгкая атлетыка
atletismo

гандбол
handebol

горныя лыжы
esqui

пола
polo

скакаць
pular

абдымаць
abraçar

смяяцца
rir

спяваць
cantar

ісці
andar

марыць
sonhar

маліцца
rezar

цалаваць
beijar

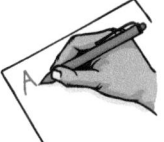

пісаць

escrever

маляваць

desenhar

паказваць

mostrar

націснуць

empurrar

даваць

dar

браць

tomar

маць

ter

выконваць

fazer

быць

ser

стаяць

ficar de pé

бегчы

correr

цягнуць

puxar

кідаць

jogar

падаць

cair

ляжаць

deitar

чакаць

esperar

насіць

carregar

сядзець

sentar

апранацца

vestir

спаць

dormir

прачынацца

despertar

дзейнасць - atividades

глядзець

olhar para

плакаць

chorar

лашчыць

acariciar

прычэсвацца

pentear

гаварыць

falar

разумець

entender

пытаць

perguntar

чуць

ouvir

піць

beber

есці

comer

прыбіраць

arrumar

кахаць

amar

гатаваць

cozinhar

ехаць

dirigir

лятаць

voar

плаваць пад ветразем

velejar

лічыць

calcular

чытаць

ler

вучыць

aprender

працаваць

trabalhar

уступаць у шлюб

casar

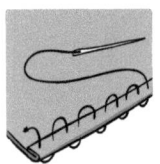

шыць

costurar

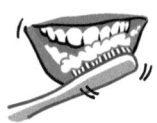

чысціць зубы

escovar os dentes

забіваць

matar

курыць

fumar

пасылаць

enviar

сям'я
família

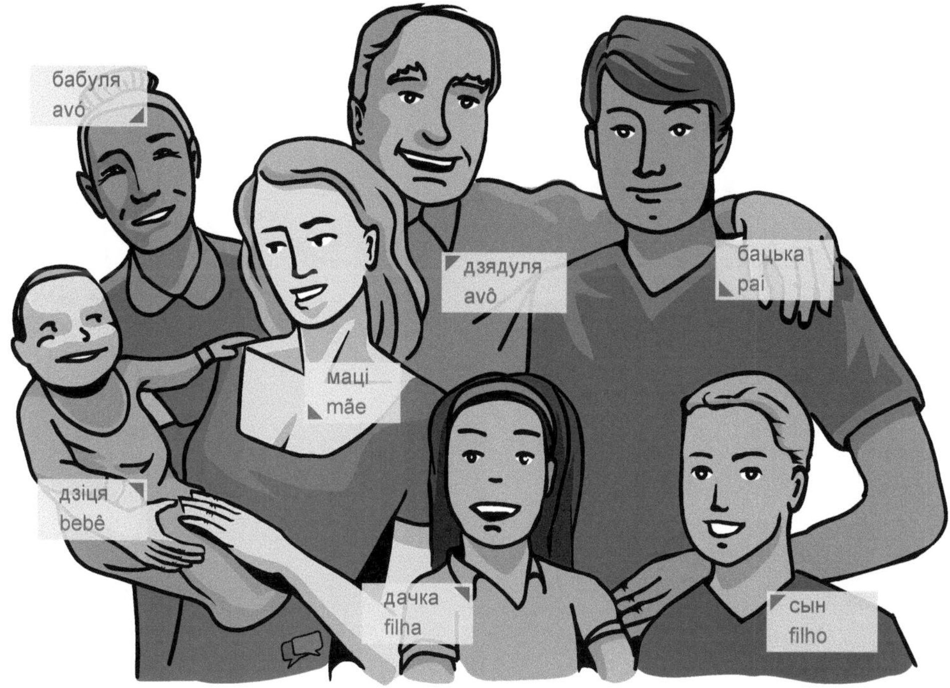

бабуля
avó
дзядуля
avô
бацька
pai
маці
mãe
дзіця
bebê
дачка
filha
сын
filho

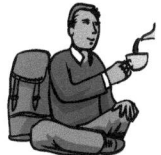

госць
convidado

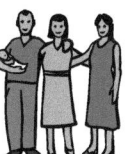

цётка
tia

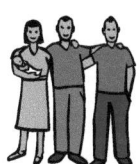

дзядзька
tio

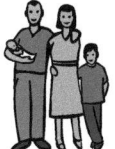

брат
irmão

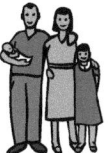

сястра
irmã

цела

corpo

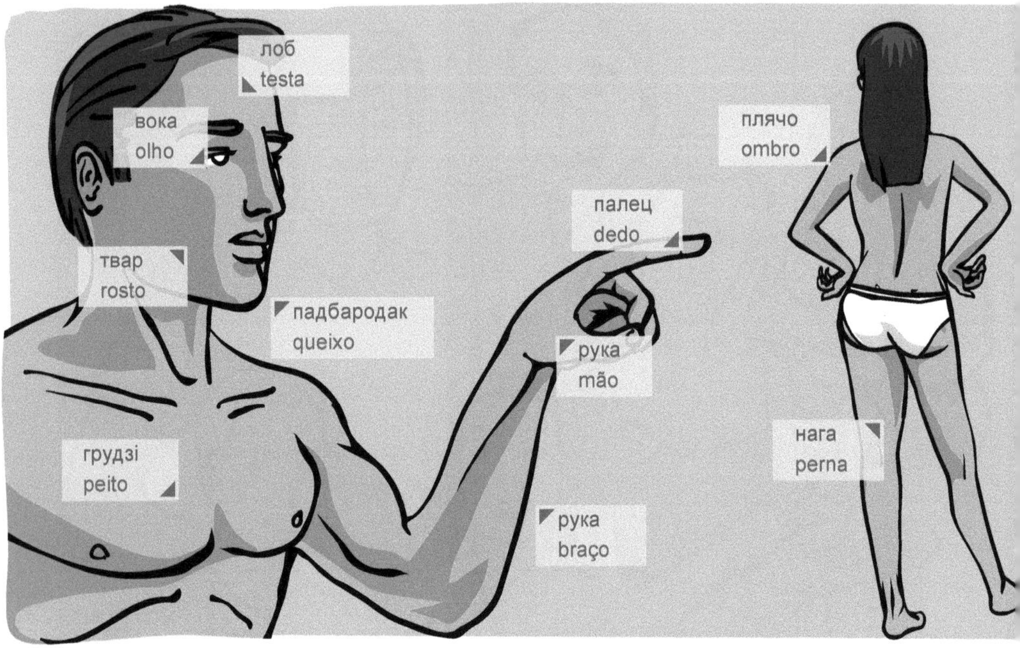

лоб
testa

вока
olho

плячо
ombro

твар
rosto

падбародак
queixo

палец
dedo

рука
mão

грудзі
peito

нага
perna

рука
braço

дзіця

bebê

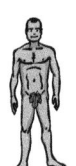

мужчына

homem

жанчына

mulher

дзяўчынка

menina

хлопчык

menino

галава

cabeça

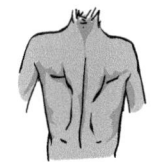

спіна
costas

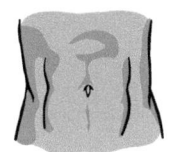

жывот
barriga

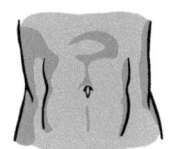

пуп
umbigo

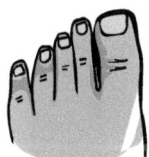

палец нагі
dedo do pé

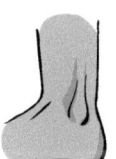

пятка
calcanhar

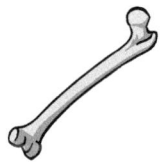

костка
osso

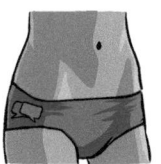

бядро
anca

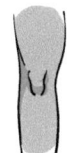

калена
joelho

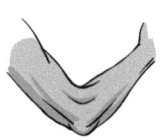

локаць
cotovelo

нос
nariz

ягадзіца
nádegas

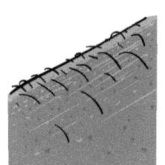

скура
pele

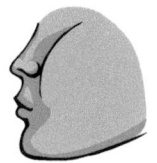

шчака
bochecha

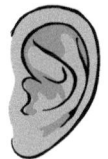

вуха
orelha

губа
lábio

рот

boca

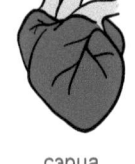

зуб

dente

язык

língua

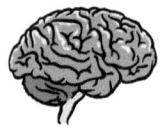

галаўны мозг

cérebro

сэрца

coração

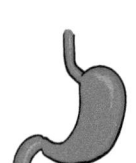

мышца

músculo

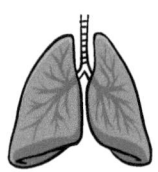

лёгкае

pulmão

пячонка

fígado

страўнік

estômago

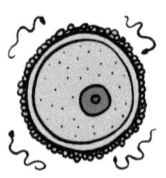

ныркі

rins

сэкс

relações sexuais

прэзерватыў

preservativo

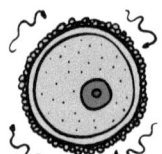

яйцаклетка

óvulo

сперма

esperma

цяжарнасць

gravidez

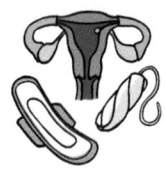

менструацыя

menstruação

похва

vagina

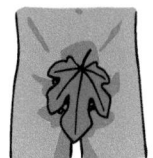

пеніс

pênis

брыво

sobrancelha

валасы

cabelo

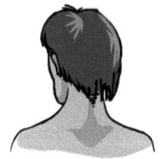

шыя

pescoço

шпіталь

hospital

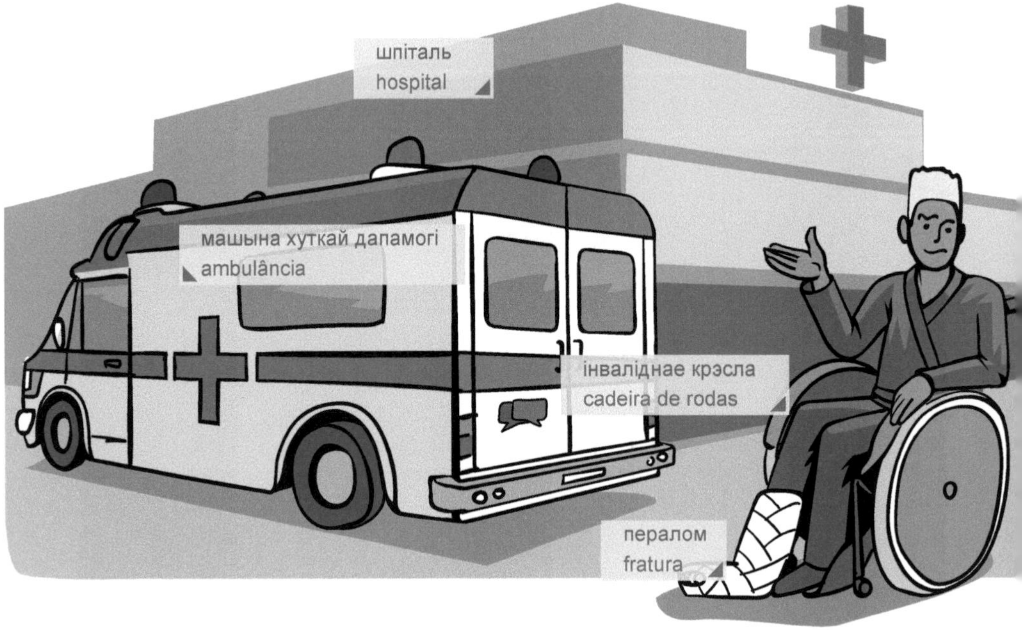

шпіталь
hospital
машына хуткай дапамогі
ambulância
інваліднае крэсла
cadeira de rodas
пералом
fratura

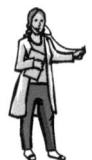

доктар

médico

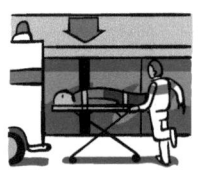

аддзяленне першай дапамогі

pronto-socorro

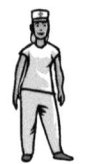

медсястра

enfermeira

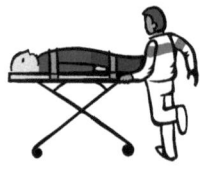

экстраная дапамога

emergência

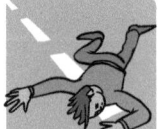

непрытомны

inconsciente

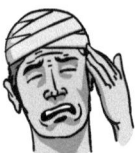

боль

dor

траўма

ferimento

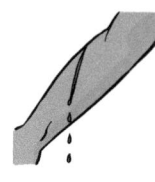

крывацёк

hemorragia

інфаркт

ataque cardíaco

апаплексія

acidente vacular cerebral

алергія

alergia

кашаль

tosse

гарачка

febre

грып

gripe

панос

diarreia

галаўны боль

dor de cabeça

рак

câncer

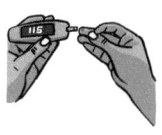

дыябет

diabetes

хірург

cirurgião

скальпель

bisturi

аперацыя

operação

КТ
CT

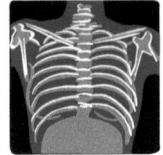

рэнтген
raio x

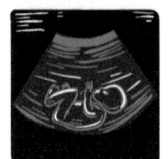

ультрагук
ultrassom

маска
máscara

хвароба
doença

пачакальня
sala de espera

мыліца
muleta

пластыр
bandeide

бінт
ligadura

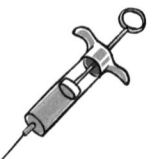

ін'екцыя
injeção

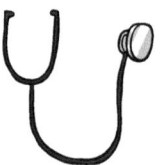

стэтаскоп
estetoscópio

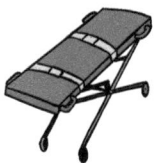

насілкі
maca

градуснік
termômetro

нараджэнне
nascimento

лішняя вага
excesso de peso

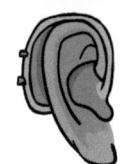

слухавы апарат

aparelho auditivo

дэзінфекцыйны сродак

desinfetante

інфекцыя

infecção

вірус

vírus

ВІЧ/СНІД

HIV / AIDS

лекі

medicamento

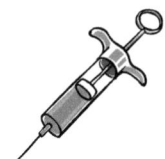

прышчэпка

vacinação

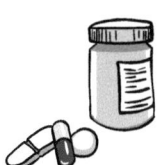

таблеткі

comprimidos

супрацьзачаткавая таблетка

pílula

экстраны выклік

chamada de emergência

танометр

dispositivo de medição de pressão arterial

хворы / здаровы

doente / saudável

шпіталь - hospital

Ратуйце!

Socorro!

сігналізацыя

alarme

напад

assalto

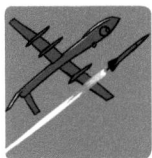

атака

ataque

небяспека

perigo

аварыйны выхад

saída de emergência

Пажар!

Fogo!

вогнетушыцель

extintor de incêndios

аварыя

acidente

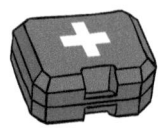

аптэчка

maleta de primeiros
socorros

COC

SOS

паліцыя

polícia

Еўропа

Europa

Паўночная Амерыка

América do Norte

Паўднёвая Амерыка

América do Sul

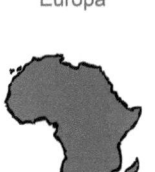

Афрыка

África

Азія

Ásia

Аўстралія

Austrália

Атлантычны акіян

Atlântico

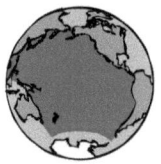

Ціхі акіян

Pacífico

Індыйскі акіян

Oceano Índico

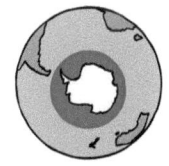

Паўднёвы ледавіты акіян

Oceano Antártico

Паўночны ледавіты акіян

Oceano Ártico

Паўночны полюс

Polo Norte

Паўднёвы полюс

Polo Sul

Антарктыда

Antártica

Зямля

Terra

краіна

terra

мора

mar

востраў

ilha

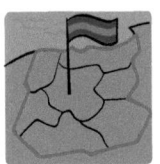

нацыя

nação

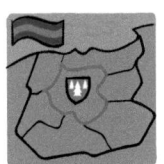

дзяржава

estado

цыферблат

mostrador do relógio

гадзінная стрэлка

ponteiro das horas

хвілінная стрэлка

ponteiro dos minutos

секундная стрэлка

ponteiro dos segundos

Колькі часу?

Que horas são?

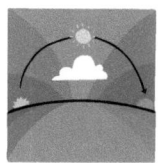

дзень

dia

час

tempo

зараз

agora

электронны гадзіннік

relógio digital

хвіліна

minuto

гадзіна

hora

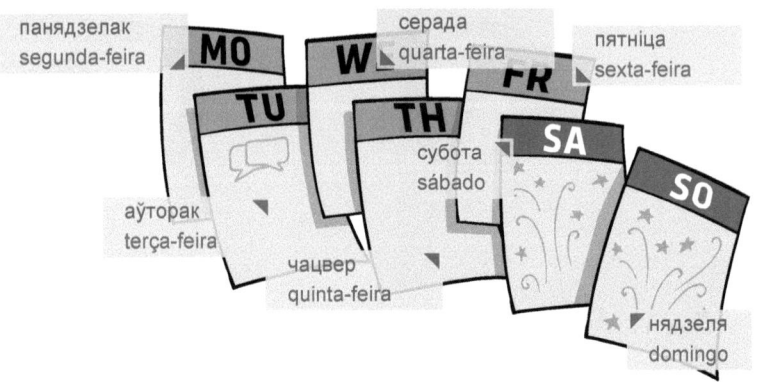

панядзелак
segunda-feira

серада
quarta-feira

пятніца
sexta-feira

аўторак
terça-feira

чацвер
quinta-feira

субота
sábado

нядзеля
domingo

ўчора

ontem

сёння

hoje

заўтра

amanhã

раніца

manhã

абед

meio-dia

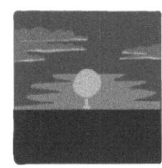

вечар

entardecer

MO	TU	WE	TH	FR	SA	SU
1	2	3	4	5	6	7
8	9	10	11	12	13	14
15	16	17	18	19	20	21
22	23	24	25	26	27	28
29	30	31	1	2	3	4

працоўныя дні

dias úteis

MO	TU	WE	TH	FR	SA	SU
1	2	3	4	5	6	7
8	9	10	11	12	13	14
15	16	17	18	19	20	21
22	23	24	25	26	27	28
29	30	31	1	2	3	4

выхадныя

fim de semana

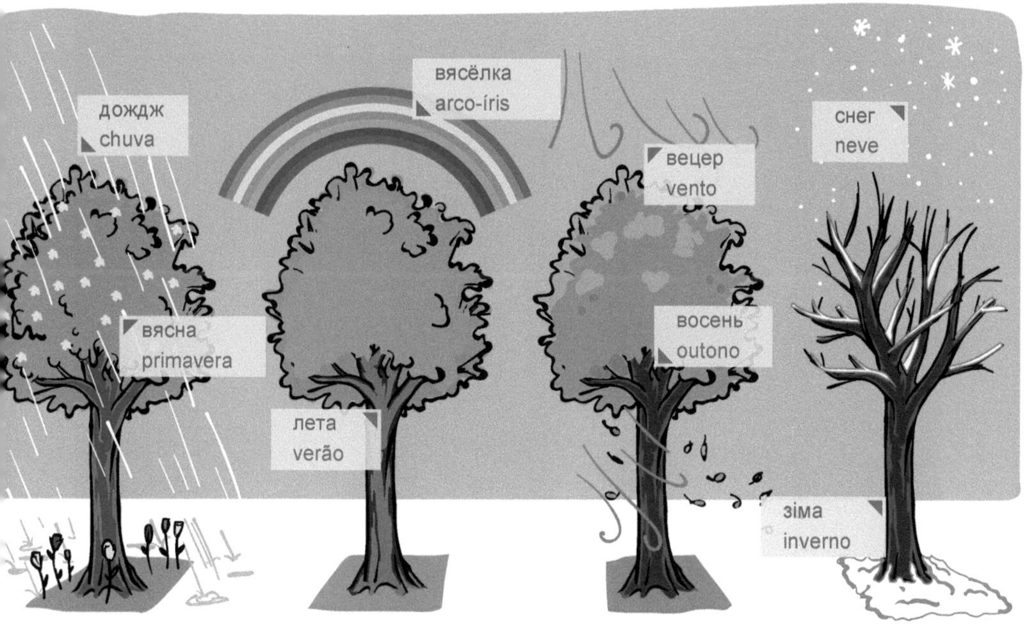

дождж
chuva
вясёлка
arco-íris
снег
neve
вецер
vento
вясна
primavera
восень
outono
лета
verão
зіма
inverno

4.APRIL 11°
5.APRIL 4°
6.APRIL 13°
7.APRIL 8°
8.APRIL 10°

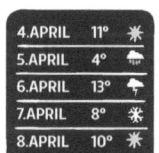

прагноз надвор'я

previsão do tempo

F C
120 40
90 30
60 20
30 10
0 0
-30 -10
-20

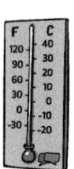

градуснік

termômetro

сонечнае святло

raio de sol

воблака

nuvem

туман

neblina / nevoeiro

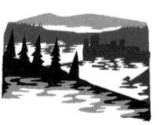

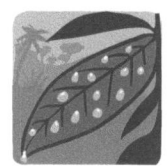

вільготнасць паветра

umidade do ar

маланка

relâmpago

гром

trovão

бура

tempestade

град

granizo

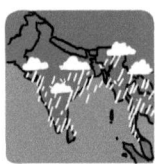

мусонны вецер

monção

прыліў

inundação

лёд

gelo

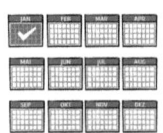

студзень

janeiro

люты

fevereiro

сакавік

março

красавік

abril

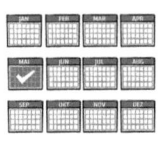

май

maio

чэрвень

junho

ліпень

julho

жнівень

agosto

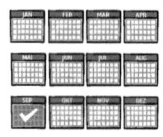

верасень

setembro

кастрычнік

outubro

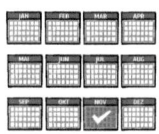

лістапад

novembro

снежань

dezembro

круг

círculo

квадрат

quadrado

прамавугольнік

retângulo

трохвугольнік

triângulo

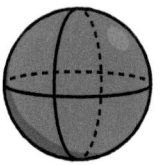

шар

esfera

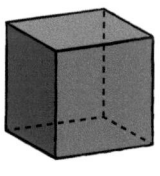

куб

cubo

белы

branco

жоўты

amarelo

аранжавы

laranja

ружовы

rosa

чырвоны

vermelho

фіялетавы

lilás

сіні

azul

зялёны

verde

карычневы

marrom

шэры

cinza

чорны

preto

шмат / мала

muito / pouco

злы / добры

furioso / tranquilo

прыгожы / брыдкі

lindo / feio

пачатак / канец

começo / fim

высокі / малы

grande / pequeno

светлы / цёмны

claro / escuro

сястра / брат

irmão / irmã

чысты / брудны

limpo / sujo

поўны / няпоўны

completo / incompleto

дзень / ноч

dia / noite

мёртвы / жывы

morto / vivo

шырокі / вузкі

largo / estreito

ядомы / неядомы

comestível / não comestível

злы / добры

mau / gentil

узбуджаны / нудны

entusiasmado / entediado

тоўсты / тонкі

gordo / magro

першы / апошні

primeiro / último

сябар / вораг

amigo / inimigo

поўны / пусты

cheio / vazio

цвёрды / мяккі

duro / macio

важкі / лёгкі

pesado / leve

голад / смага

fome / sede

хворы / здаровы

doente / saudável

нелегальны / легальны

ilegal / legal

разумны / дурны

inteligente / idiota

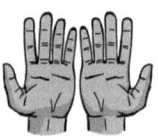

левы / правы

esquerda / direita

побач / далёка

perto / longe

новы / былы ва ўжыванні

novo / usado

нічога / нешта

nada / alguma coisa

стары / малады

velho / jovem

укл / выкл

ligado / desligado

адчынены / зачынены

aberto / fechado

ціхі / гучны

baixo / alto

багаты / бедны

rico / pobre

правільна / няправільна

certo / errado

шурпаты / гладкі

áspero / liso

сумны / шчаслівы

triste / feliz

кароткі / доўгі

curto / longo

павольны / хуткі

lento / rápido

вільготны / сухі

molhado / seco

цёплы / халаднаваты

ameno / fresco

вайна / мір

guerra / paz

0

нуль

zero

1

адзін

um

2

два

dois

3

тры

três

4

чатыры

quatro

5

пяць

cinco

6

шэсць

seis

7

сем

sete

8

восем

oito

9

дзевяць

nove

10

дзесяць

dez

11

адзінаццаць

onze

12

дванаццаць
doze

13

трынаццаць
treze

14

чатырнаццаць
quatorze

15

пятнаццаць
quinze

16

шаснаццаць
dezesseis

17

сямнаццаць
dezessete

18

васямнаццаць
dezoito

19

дзевятнаццаць
dezenove

20

дваццаць
vinte

100

сто
cem

1.000

тысяча
mil

1.000.000

мільён
milhão

англійская

inglês

англійская (Амерыка)

inglês americano

кітайская мандарынская

chinês mandarim

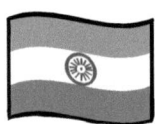

хіндзі

hindi

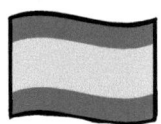

іспанская

espanhol

французская

francês

арабская

árabe

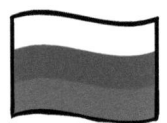

руская

russo

партугальская

português

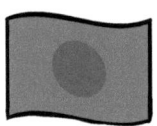

бенгальская

bengalês

нямецкая

alemão

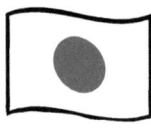

японская

japonês

я

eu

ты

você

ён / яна / яно

ele / ela

мы

nós

вы

vocês

яны

eles / elas

хто?

quem?

што?

O quê?

як?

como?

дзе?

onde?

калі?

Quando?

імя

nome

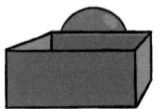

за
....
atrás

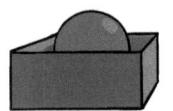

у
....
em

перад
....
na frente de

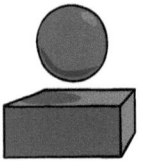

над
....
sobre

на
....
em cima

пад
....
debaixo

каля
....
do lado

паміж
....
entre

месца
....
lugar